의사 며느리와
치매 시어머니의
동거기

의사 며느리와
치매 ㈛어머니의
동거기

지은이 | 김수영
웹툰 및 일러스트 | 하나
인물화 | 이채양
펴낸이 | 원성삼
표지 디자인 | 한영애
펴낸곳 | 예영커뮤니케이션
초판 1쇄 발행 | 2025년 12월 19일
등록일 | 1992년 3월 1일 제 2-1349호
주소 | 03128 서울시 종로구 대학로3길 29, 313호(연지동, 한국교회100주년기념관)
전화 | (02) 766-8931
팩스 | (02) 766-8934
이메일 | jeyoung_shadow@naver.com
ISBN 979-11-24083-01-7 (03330)

값 10,000원

모든 인간은 하나님의 형상을 닮은 존귀한 존재입니다. 사람은 인종, 민족, 피부색,
문화, 언어에 관계없이 모두 다 존귀합니다. 예영커뮤니케이션은 이러한 정신에 근
거해 모든 인간이 존귀한 삶을 사는 데 필요한 지식과 문화를 예수 그리스도의 사랑으로 보급
함으로써 우리가 속한 사회에 기여하고자 합니다.

김수영 지음

의사 며느리와 치매 시어머니의 동거기

담대하게 때때로 웃어가며,
하루하루를 견뎌내는 일상

예영

LOVE YOU

나와 어머니

추천의 글

　　누군가의 손을 끝까지 잡아주는 일은 기도이자, 때론 기술이고, 때론 유머입니다. 며느리는 어느 날 무심결에 '엄마'라고 부르고, 시어머니는 천진난만한 미소로 답을 합니다. 그 사이로 바닷바람이 지나가고 노란 차가 서고, 밤의 만찬은 차려집니다.

　　이 책은 한 가정의 분투를 넘어, 한국적 돌봄의 미래를 깊이 비추는 작은 등불입니다. 또한 한국 가족이 오늘은 어떻게 버티고 서로에게 다가가는지를 가장 가까이 현장에서 보여주는 귀한 기록입니다.

CCM 작사작곡자 시와그림 **조영준**
'항해자', '임재', '여호와의 유월절', '이제 역전되리라',
'그럼에도 불구하고', '토기장이'

차례

머리말

내가 부모가 되고, 나의 부모님이 아프기 시작하는 나이가 40~50대이다. 아이들을 아직 돌봐야 하고 한창 일해야 하는 나이에 찾아오는 부모님의 병, 특히 치매를 앓고 있는 부모님을 어떻게 대해야 할지, 또 가정을 지키면서 부모님과 짧지만 좋은 추억을 만들 수 있는 여러 방법을 주변과 나누고 싶었다. 그리고 언젠가는 천국에 가실 시어머니와 이 땅에서 며느리와 함께한 시간들을 책에 담아 남기고 싶었다.

가끔 시어머니가 떠오를 때 책장 한구석에 꽂아둔 이 책을 꺼내 읽으며 어머니를 기억하고 싶었다. 나중에 남편이 내가 가끔 싫어질 때 이 책을 보며 나에 대한 고마움을 느끼게 하고 싶은 욕심도 있다. 그리고 아이들이 커서 이러한 일을 겪었을 때 우리 엄마가 이렇게 했다고 알려주고 싶었다. 물론 아이들이 지금 옆에서 보는 것만으로도 기억에 남겠지만, 책에 쓰인 글이 머릿속에 묻힌 기억을 되살리는 좋은 도구라고 생각한다. 사진보다도 그때의 감정을 고스란히 느낄 수 있다.

또한 치매라는 큰 시련과 부담 앞에서 담대하게 하루하루를 견뎌내며 나 자신을 돌아보고 아이들에게도 본이 되는 엄마가 되고 싶었고, 현재 나와 같은 고난을 겪고 있는 분들에게 위로와 격려를 전하고 싶었다. 결국, 나와 부모님과의 관계를 통해 나와 하나님과의 관계를 돌아보고 싶었다.

1부

동거의 시작:
낯선 새벽, 함께 살기 시작하다

1

어머니와의 재회
"울 어머니 똥은 예쁜 강아지똥"

2024년 9월 21일 토요일 새벽 2시.

시어머니와 남편은 토요일 새벽에 포항에 도착했다. 시어머니를 뵌 지 어언 5년 만이다. 시어머니는 시누이와 서울에서 살고 계셨다. 우리 시어머니는 며느리를 진정으로 사랑하셨다.

하나밖에 없는 아들, 19년 동안 키우고 의대를 보내고 뒷바라지를 하시고 의사 며느리에게 그 잘난 아들을 미련없이 주신 요즘 시대에 보기 드문 귀한 시어머니다.

2019년 통가왕국에 의료봉사하러 간다고 말씀드렸을 때, 시어머니는 쿨하게 잘 다녀오라고 하셨다. 설과 추석 명절에도 오가라 말씀 한 번 없으셨던, 가끔 그래도 형식적으로 찾아뵈어도 설거지 한 번 안 시키시고, 시어머니께서 차려주신 밥 먹고 푹 자고 왔던 기억이 난다.

첫째 딸을 임신하고 만삭이 되어 전셋집을 나와 이사할 때도, 시어머니는 추운 겨울에 많은 짐을 대신 정리하고 이사를 도와주신 고마운 분이다. 전화도 잘 안 하시고 그냥 '잘 지내겠지!' 하시며 며느리를 귀찮게 하지 않으신 분이다. 우리 사회에서 정서상 며느리와 시어머니는 함께 살기 참 어렵다. 다른 나라도 크게 다르지 않을 것이다. 우리나라에서는 대부분 며느리와 시어머니의 사이가 아무리 좋아도 자주 만나거나 같이 사는 것이 매우 힘들다. 나 역시 시어머니와 이렇게 함께 살게 될 줄은 꿈에도 몰랐다.

5년 만에 만난 시어머니의 모습은 아니 몰골이라고 해야 할 것 같다. 서울 토박이인 시어머니의 냉정함과 도도함은 전혀 남아있지 않았다. 하얀 머리카락이 떡져 있었고, 이빨은 위아래 포함해 6개만 겨우 남아있었다. 앙상한 뼈에 피부라기보다는 거죽만 붙어 있는 듯했다.

한 시간 남짓에 화장실을 수십 번도 더 가셨다. 갈 때마다 화장실 위치를 물으셨다. 그리고 10분마다 어디냐고 물으셨는데, 포항이라고 최소 몇백 번은 말씀드린 것 같다. 한번은 너무 대답하기 지쳐서 나도 모르게 "어머니, 여기가 어디일까요?"라고 되물은 적도 있다. 그때 시어머니는 생각을 골똘히 하셨다. 인지능력과 방향감각, 단기 기억력이 거의 없었다. 두 딸은 그런 시어머니가 낯설었는지 가까이 가기를 두려워했다.

조증 환자처럼 계속 이상한 말씀을 하셨고, 새벽인데도 잠을 좀처럼 주무시지 않았다. 그러다가 갑자기 서 있는 채로 빗자루가 바닥에 '쿵!' 하고 떨어지는 것처럼 쓰러지셨다. 그러고는 10초쯤 뒤에 다시 일어나서서 언제 그랬냐는 듯이 다 썩은 이빨을 드러내며 웃으셨다.

새벽 5시쯤, 억지로 주무시도록 시어머니를 침대에 눕혔다. 내가 안방에서 시어머니와 한 침대에서 자기로 했는데 갑자기 시어머님이 없어지셨다. 화장실 문 앞 바닥에 쪼그리고 앉아 변을 보고 계셨다. 나는 시어머니를 일으켜 세워 변기에 앉혔다. 변비가 심하신지 변이 제대로 나오지 않았다. 나는 손가락으로 항문 주위를 눌러드렸다. 그러자 변이 조금씩 나오기 시작했다. 엉덩이를 닦아드리고 다시 시어머니를 침대에 눕혔다.

다음 날 아침, 시어머니는 베란다를 돌아다니며 소변을 보기 시작하셨다. 화장실 안쪽 문 옆에도 작은 변이 발견되었다. 그날부터 집안 곳곳을 돌아다니며 시어머니의 소변과 대변을 찾는 일이 시작되었다. 그때 성령님께서 내게 이런 마음을 주셨다.

"울 어머님 똥은 예쁜 강아지 똥."

"그래, 강아지 똥도 치우는데 사람 똥이라고 못 치울 이유가 없지."

똥 이야기를 하자면 나는 할 이야기가 참 많다. 우리 친정엄마 똥 이야기인데, 이것은 다음에 하기로 하자.

다음 날 아침, 내 화장대에 있던 화장품 뚜껑이 산산이 분해되어 있었다. 간밤에 시어머니가 다 분해를 하셨나 보다. 냉장고에 있던 반찬들이 식탁에 다 전시되어 있었다. 물건들이 하나씩 없어진다. 이제는 여기저기 소변과 대변을 찾는 것 외에 물건들도 찾아야 했다. 숨바꼭질이 시작되었다. 그날 나는 하나님께 여쭈어 보았다.

"하나님 아버지, 어머니를 저에게 보내신 이유가 있으실 것 같은데, 아버지의 뜻이 무엇인가요?"

하나님의 답이 마음속에서 느껴졌다.

"네 어머니를 내가 곧 데리고 갈 것이다."

"아, 그러면 어머니 구원을 위해서 나에게 보내셨나 보다."

나는 시어머니를 식탁에 앉혀놓고 복음에 대해 설명했다. 시어머니를 꼭 천국에 보내야겠다는 비장한 각오로 예수님에 대해 전했다. 그런데 놀라운 일이 벌어졌다. 치매가 심한 시어머니가 중학교 때까지 다니셨던 교회에 간 것을 기억하고 계셨다. 예수님 이름도 기억하고 계셨다.

"그때 내가 교회에 꽈배기를 먹으려고 갔었어. 그때 교회 꽈배기가 엄청 맛있었지."

며칠 내내 식탁에서 복음에 대해 이야기하면서 나는 곧 이 세상을 떠날지 모르는 시어머니를 위해 정신을 바짝 차리고 복음을 계속 전했다. 남편은 시어머니가 포항에 오시는 날 나에게 이런 말을 했다.

"어머니가 한 달 정도 사실 수 있을까?"

나도 그때는 같은 생각이었다. 그래서 후회하지 않도록 시어머니께 최선을 다하기로 결심했다. 그런데 지금 시어머니와 일 년 넘게 동거하고 있다. 하나님의 하루는 천 년이고, 천 년이 하루라는 말씀이 기억난다. 하나님의 시간표와 인간의 시간표는 정말 다르다. 하나님의 계획과 인간의 계획도 정말 다르다.

PS. 1.

통가왕국에서 의료봉사(선교)를 하고 있을 때, 한인 가정에 초대 받아 친정엄마와 같이 간 적이 있다. 친정엄마는 속이 안 좋으셨는지 화장실에 가기 전에 실수하셔서 변이 옷 밖으로 흘러 내렸고, 복도를 몽땅 똥밭으로 만드셨다. 그 집 가족들은 마음이 워낙 좋아 얼굴을 찌푸리지 않았고, 나는 엄마 똥을 열심히 치우고 더러워진 신발 매트까지 세탁해 돌려드렸다.

나는 똥과 참 인연이 많은 사람이다. 과민성 대장 증후군을 십 대부터 사십 대까지 앓았다. 우유만 먹어도 바로 화장실로 달려 간다. 그래서 버스를 타기 싫어한다. 버스에는 화장실이 없어서다. 나는 한국을 참 사랑한다. 한국에는 화장실이 곳곳에 참 많아서다. 고속도로 휴게소에도 깨끗한 화장실이 많다. 반면, 외국에서 화장실을 사용하기 참 어렵다. 마트에서 화장실을 이용하려고 해도 직원 외에 고객에게는 사용하지 못하도록 한 곳도 있다. 내가 통가에 있었을 때, 한국에서 아는 전도사님이 방문하였다. 대형마트에서 같이 장을 보던 중, 전도사님이 화장실이 급하여 직원 화장실이라도 사용할 수 있도록 요청했는데 거절당하셨다. 한국에 돌아온 후,

나는 지인을 통해서 그 대형마트가 문을 닫았다고 들었다.

과민성 대장 증후군을 하나님께서 나에게 허락하신 이유를 알 것 같다. 나는 친정엄마의 똥이 더럽지 않았고, 시어머니의 똥이 그렇게 더럽지 않았고, 시어머니가 화장실을 한 시간에 열 번 이상을 가도, 화장실 갈 때마다 화장실이 어디냐고 물어도 나는 참을 수 있었다. 왜냐하면 나도 화장실이 급했던 경험이 많기 때문이다.

약할 때 내가 강함이라는 성경말씀을 여기에 적용할 수 있는지 모르겠으나, 나는 고난이 유익이라는 말씀을 조금은 이해할 수 있을 것 같다. 하나님은 참 좋으신 분이다. 협력하여 선을 이루신다. 나의 병을 통하여 남을 이해하게 하신다. 내가 어렸을 때 잔병치레를 많이 해서 아픈 사람들의 고통을 조금이나마 이해하기 쉽다. 그래서 하나님은 엄마를 통해 나를 의사로 만드셨나 보다. 나는 내 환자들이 다 나아서 병원에 안 오는 것이 더 좋다. 물론 일부는 다른 병원에 갔을 수도 있지만 말이다.

드디어 하나님께서 지혜를 주셨다. 화장실 문 앞에 커다랗게

'화장실'이라고 쓴 표지를 붙여 놓고, 화장실에 가는 복도마다 '화장실' 표시를 해 놓았다. 이제 어머님이 화장실이 어디냐고 묻지 않으신다. 할렐루야!

PS. 2. 똥 vs 죄

'사람의 똥과 죄 중에 어떤 것이 더 더러울까?' 나는 예전에 이런 생각을 한 적이 있다. '내가 예쁘고 맛있는 사과를 먹었는데, 왜 더러운 똥이 되어서 나올까?' '인간의 육이 그렇게 더러운가?' '천국에서도 식사 후에 똥이 생길까?'

10년 전쯤에 통가에 단기 의료선교를 갔을 때 통가 모텔에서 샤워 중에 천장에서 엄청 큰 벌레가 떨어졌다. 나는 너무 놀랐다. '아이 더러워'라고 벌레를 보며 생각했다. 그때 내 안에 성령님께서 "너의 죄가 더 더러우니라"라는 음성을 들려주셨다. 나는 회개했다. 벌레는 죄가 없다. 내가 더 더러운 자였다.

똥은 죄가 없다. 내 입에서 나오는 말이 더 더러울 때가 많다. 내 마음의 똥과 내 입술의 똥을 예수님의 보혈로 깨끗하게 하고 싶다.

2

어머니가 내게 주신
아들

　시어머니께서 포항에 오시고 며칠 되지 않아 하나님께서 내게 이런 마음을 주셨다.

　'내가 너를 위해 하나밖에 없는 내 아들을 주었듯이, 네 시어머니도 하나밖에 없는 아들을 너에게 주었다.'

　시어머니가 포항에 오시기 전에 시누이로부터 이런 말을 들은 적이 있다.

　"엄마가 오빠와 언니 사진을 보고 중얼중얼 이야기하시며 울기도 하시고, 웃기도 하셨어."

　시누이의 말이 떠오르면서 하나님께서 한 가지 환상을 보여주셨다. 시어머니께서 아들의 사진을 꺼내 보고 싶을 때마다 꺼내 보시는 장면이었다. 시어머니는 나 며느리에게 당신 아들을 철저히 내어주시기 위해 절제하셨던 것이다. 아들이 보고 싶어도 이제는 며느리 남편으로 넘겨주었다는 희생적인 마음으로, 아들이 보고 싶어도 전화 한 번 제대로 하지 않으셨다. 며느리 눈치를 본 것이 아니라, 온전히 당신의 것을 며느리에게 내어주신 것이다.

시어머니는 중학교 이후, 특히 결혼 후에는 교회 생활도 거의 하지 않으셨고, 성경도 제대로 읽은 적 없으셨지만 예수님의 희생을 몸소 실천하며 사셨다.

하나님께서는 또 하나의 환상을 보여주셨다. 시어머니께서 하얀 드레스를 입고, 머리 위에 세 개의 뿔이 있는 왕관을 쓰고 계셨다. 나는 조심스럽게 하나님께 여쭈었다.

"세 개의 뿔은 무슨 뜻인지요?"

하나님은, 하나는 나(하나님)에 대한 사랑과 믿음이고, 둘째는 며느리에 대한 사랑이며, 셋째는 사랑할 수 없는 조건의 딸을 끝까지 사랑한 것이라고 말씀하셨다.

하나님의 기준과 세상의 기준은 너무도 다르다. 시어머니는 교회에서 봉사한 적도 없고, 교회 생활을 잘한 적도 없고,

내가 통가에 가기 전에 시어머니 앞에서 무릎 꿇고 교회 한번 같이 가자고 하여 여의도침례교회를 간 것이 시어머니의 교회 생활 전부인 것 같다. 물론 어렸을 때 꽈배기를 먹으러 교회 갔다고 하셨지만, 하나님은 그런 시어머니의 작은 믿음도 놓치지 않으시고, 여기까지 인도하셨다. 나는 시어머니를 존경한다. 그동안 집에서 살림만 하신 그저 보통 시어머니로 알았는데, 하나님의 기준은 정말 달랐다.

나는 그동안 시어머니에게 바쁘다는 핑계로 며느리 구실을 제대로 한 적이 없다. "부모를 공경하라"는 십계명을 나는 바쁘다는 이유로, 의사라는 귀한 일을 하고 있다는 나만의 착각 속에 빠져 시어머니를 거들떠보지 않았던 나의 죄를 하나님 앞에 회개한다. 하나님께서 시어머니를 포항에 오게 한 것은 시어머니의 구원뿐 아니라 나의 죄에 대한 회개와 그동안 시어머니께 며느리로서 제대로 하지 못한 역할을 하도록 나에게 기회를 주신 것 같다.

내가 통가를 다녀온 후, 사람들이 통가에 가서 어땠냐고 물어보면 나는 이렇게 대답한다.
"내가 사람 돼서 왔다."

나는 통가에 다녀온 후 사람이 되었다(거듭남)고 착각했다. 그런데 아직 멀었다. 100계단을 올라야 한다면 지금쯤 10계단 쯤 올랐을까? 예수님이 오시기 전에 온전히 거듭날 수 있을지 의문이다. 그러나 하루하루 최선을 다하고자 한다.

몸이 약한 나는 여러 가지를 못하는 사람이다. 그런데 조금씩 에너지를 떼어서 내 주변의 소중한 사람들에게 쏟는 연습을 하고 있는 중이다. 아이들도 언젠가 이런 엄마를 이해할 것이다.

일요일에 아이들 저녁밥을 차려주고, 화장실에서 시어머니 목욕을 씻겨 드리고, 로션을 발라 드리고, 옷을 입혀 드리고, 방에서 나오니 첫째 딸이 엄마 대단하다고 말하는 것을 듣고 하나님께 감사드렸다. 부모를 공경하는 것은 말로 하는 것이 아니라, 행동으로 아이들에게 보여주어야 한다고 생각한다. 물론 마음에서 자연스럽게 우러나와야 한다. 그런데 이 마음은 내 마음만이 아니라 성령님이 부어주시는 마음 같다. 왜냐하면 내 안에는 선한 것이 하나도 없기 때문이다.

때때로 너무 힘들 때는 '하나님께서 시어머니를 왜 빨리 안

데리고 가시나'라는 나의 진짜 마음이 나오기도 한다. 그럴 때마다 하나님이 내게 주신 말씀이 있다. "내가 너를 위해 하나밖에 없는 내 아들을 주었듯이 네 시어머니는 하나밖에 없는 아들을 너에게 주었다"라는 음성을 기억하고자 노력한다. 시어머니는 하나밖에 없는 아들을 나에게 내어주었는데, 나는 시어머니께 무엇을 드릴 것인가 되묻게 된다.

토요일은 시어머니가 아들과 함께 같이 자는 날이다. 남편을 시어머니의 월셋집에 보낼 때 나는 아무런 미련이 없다.
'내가 남편에 대한 사랑이 식은 것일까?'
'이제 나이가 드니 남편이 옆에 없어도 잠을 잘 자는 내가 미련해진 것일까?'
아무튼 신혼 때가 아니라 참 다행이다. 신혼 때 시어머니께서 아프셔서 우리 집에 오셨다면 아마도 나는 시어머니에게 남편을 내어드리지 못했을 것이다.

하나님의 시간표는 완벽하다. 남편은 시어머니와 자는 것이 싫은가 보다. 나보고 가라고 하는데, 나는 그 정도까지는 힘들 것 같다. 그것은 아들인 남편의 몫이다.

3

며느리는
일하는 아줌마

4

백화점에서
"19층 눌러!"

시어머니의 한마디에

다들 나를 안쓰럽게,
그러나
부드럽게 웃으며 바라보았다.

5

뜨거운 차 뒷좌석
사건

시어머니와 약 20분 정도 거리에 있는, 맛있는 레스토랑에 가려고 차 뒷자리에 시어머니를 태웠다.

길 한복판에서 시어머니는 "얘, 이상해. 엉덩이가 뜨거워" 하시면서 계속 운전하고 있는 내 앞으로 얼굴을 들이미셨다.

"어머니, 위험해요. 앞으로 오시면 안 돼요."

시어머니는 엉덩이가 너무 뜨겁다고 앉았다 일어나는 행동을 반복하셨다.

가까스로 목적지에 도착하고 보니 뒷자리 온열기의 온도 레벨이 5로 되어있었다.

아마도 전날 아이들이 타면서 온도를 올려놨나 보다.

그날 저녁 나는 아이들에게 차를 내릴 때 좌석 온도를 0으로 낮추어 놓도록 이야기했다. 그러나 며칠 뒤 같은 일이 또 반복되었다.

이제는 차를 타기 전에 뒷자리 좌석 온도를 반드시 확인해야겠다.

2부

위험과 적응:
매일의 사건, 매일의 기도

6

"퐁퐁은 먹는 게 아니에요"

내가 개업 준비를 하려고 남편에게 시어머니를 맡기고 잠깐 밖으로 나갔다 온 사이에 큰일이 벌어졌다. 시어머님이 먹는 것인 줄 알고, 주방세제 퐁퐁을 드신 것이다.

안방에서 누워 계시던 시어머니는 방문을 열고 나오면서 서 계신 채로 설사하셨다. 나는 시어머니를 화장실 변기에 앉혀드렸다. 시어머니는 구토하시려고 "웩웩" 하셨으나, 구토는 나오지 않고 설사만 계속하셨다.

그날 밤 저녁 8시부터 새벽 2시까지 나는 시어머니의 설사를 계속 치워야 했다. 거실 복도까지 설사가 넘쳐났다. 그런데 냄새가 그리 독하지 않았다. 아마도 하나님께서 내 코를 지켜주셨나 보다. 시어머니의 아랫도리를 여러 번 씻겨드리면서 나는 시어머니를 미워하지 않도록 마음속으로 계속 기도했다. 시어머니는 나에게 "미안하다"라고 하셨다. 나는 "괜찮아요"라고 마음에도 없는 말을 억지로 했다. 도저히 속옷을 감당할 수 없어서 신랑에게 일회용 기저귀를 사 오라고 시켰다.

시어머니는 기저귀에 설사하시고는 내가 갈아입히려고 하면 깨끗하다고 갈아입지 않으려고 하셨다. 나는 시어머니께 설사한 기저귀와 깨끗한 기저귀를 같이 보여드리며 설사 똥을 설명해 드렸다. 시어머니의 기저귀를 바꾸고 씻겨드릴 때마다, 나는 어렸을 때 우리 딸 기저귀를 바꿀 때를 떠올렸다. 그러면서 시어머니 똥은 어렸을 때 이쁜 내 딸 똥이라고 생각하고 어려운 시간을 견뎌내었다.

새벽 2시쯤, 배에 통증이 심하신지 시어머니는 계속 끙끙거리면서 고통스러운 표정을 지으셨다. 나는 시어머니의 배를 손으로 쓰다듬으며, 하나님께 방언 기도로 간절히 기도했다. 그러자 기적적으로 설사가 멈추고 새벽 세 시쯤 시어머니는 잠이 드셨다.

그다음 날 드디어 어머니의 설사가 멈추었다. 병원에 방문하여 피검사를 했는데, 나트륨 수치만 조금 낮아졌을 뿐 대부분 정상이었다. 검사 결과만 보면, 나보다 더 건강하셨다. 하루하루 파란만장하다. 이제 어떤 일이 일어날까?

7

"네가 내 며느리야?"

식탁에 앉아 시어머니와 맛있는 후식을 먹고 있었다.

시어머니는 내 얼굴을 뚫어지게 보셨다.

"이제 너도 시집가야겠다."

"어머니, 저 이미 시집갔어요. 남편이 어머니 아들 김성식이에요."

"그래? 그럼 네가 내 며느리야?"

"네, 어머니."

나는 며느리인지도 모르는 사람과 식탁에서 밥을 드시는 시어머니가 참 신기했다.

시어머니는 나를 줄곧 졸졸 따라다니셨다.

머리로는 내가 며느리인지 몰라도 영은 아는가 보다.

8

변기와 사탕

토요일 아침이었다.

딸이 내게 와서 화장실 변기에 물이 안 내려간다고 했다. 안 방 화장실 변기를 사용하라고 했더니 그것도 막혔다고 했다. 진공으로 뚫는 것을 여러 번 시도했으나 꿈쩍도 하지 않았다.

다행히 관리사무소에서 변기를 뚫는 배관공을 연결해 주셨 다. 60대쯤 보이는 할아버지가 오셨다. 그분은 기다란 끝에 나 사 모양의 철이 달린 기구를 가지고 오셨다.

드디어 변기 안을 막고 있던 것들을 꺼내기 시작했다. 배관 공 할아버지는 "도대체 이게 뭐예요?"라고 내게 물으셨다. 생 리대도 아니고, 이런 천 쪼가리들이 뭐냐고 하셨다. 나는 그냥 웃었다.

그때 시어머니가 한 방 날리셨다.

"아저씨, 사탕 있으면 하나 주세요."

배관공 할아버지는 나를 쳐다보면서 물었다.

"딸이에요?"

"아니요, 며느리에요."

아저씨는 나를 안쓰러운 표정으로 쳐다보고는, 변기 문제를 모두 해결해 주고 가셨다.

참 스펙터클한 날들이다. 내일은 어떤 일이 일어날까?

9

어머니,
머리 마사지하는 날

　치매 환자들은 목욕을 싫어한다. 다행히 겨울이라 자주 목욕을 시켜드리지 않아도 되니 정말 감사하다. 처음에 오셨을 때, 머리카락이 엉겨 붙어 있어서 샴푸를 여러 번 해도 기름기가 잘 빠지지 않았다.

　'어떻게 하면 어머니를 잘 꾀어서 욕실로 들어오시게 할까?'

　여러 방법을 고민한 끝에, 시어머니가 화장실에 가실 때를 놓치지 않고 잽싸게 같이 들어간다. 시어머니께서 볼일을 보신 후에 머리 마사지할 시간이라 옷을 벗으라고 말씀드린다. 그리고 한약 냄새가 나는 샴푸를 마사지용 특수 약품이라고 속인다. 이 부분에서 하나님께 용서를 구한다. 아무리 좋은 일이라도 거짓말을 한다는 것이 마음에 걸린다. 샴푸 냄새를 맡아보시라고 하고, 이 약을 머리에 뿌려서 마사지해야 깜빡깜빡하는 머리 세포가 좋아진다고 뻥을 친다.

시어머니는 엉겁결에 목욕 의자에 앉으신다. 귀에 물이 들어가지 않도록 헤어 캡을 씌우고, 잽싸게 머리에 물을 묻힌 후 샴푸를 뿌리고, 마사지를 열심히 한다.

"어머니 이거 보세요. 나쁜 노란 것이 나오잖아요. 이게 나와야 머리가 맑아지고 깜빡깜빡도 좋아져요."

내 거짓말은 점점 늘어간다. 어느 순간 양심에 꺼린다. 이런 거짓말을 안 해도 시어머니가 순순히 머리 감고 목욕하셨으면 좋겠다.

머리를 잘 헹궈드리고, 몸을 씻겨드리고, 향기가 좋은 로션을 발라 드린다. 그러자 시어머니가 칭찬하신다.

"네가 참 고생한다. 이 세상에 너 같은 며느리는 정말 없을 거야."

시어머니는 우리 친정엄마보다 목욕시키기가 훨씬 편하다. 일단 몸집이 작고, 체력이 괜찮으셔서 욕실에서 거의 넘어지지 않으신다.

시어머니의 깡마른 몸을 보니 맛있는 음식을 더 많이 사 드려야 되겠다는 마음이 든다. 어차피 시어머니의 치아가 몇 개 안 남아서 일 년 뒤에는 죽만 드셔야 할지 모른다. 치과의사는 시어머니 치아를 보고 더는 임플란트도, 틀니도 안 된다고 했다. 시어머니의 남은 치아가 오래 남아있기를 기도한다. 안 그러면 나는 시어머니와 매일 죽집에서 죽을 먹어야 한다. 요즘은 죽집에서 비빔밥도 판다는 사실이 그나마 다행이다. 나는 비빔밥을 질리도록 종류별로 먹을 각오를 해야 한다. 그 안에 예수님이 빨리 오셨으면 좋겠다.

10

둘째 딸 내복을
사수하라

시어머니가 가을에 오셨는데, 금세 겨울이 되었다.

시어머니는 항상 플리츠스커트를 입으신다. 바지를 잘 입지 않으셔서 추운 겨울에 어떡하나 걱정이 되었다. 그런데 하나님께서 나에게 번쩍 지혜를 주셨다. 둘째 딸 겨울 내복이 시어머니에게 딱 맞았다. 둘째 딸이 많이 마른 편이라 시어머니와 옷 사이즈가 비슷했다. 둘째 딸 몰래 내복 하의를 시어머니께 입혀드렸다.

"얘, 이 옷 너무 좋다. 면인데 도톰하고 어떻게 이렇게 실을 촘촘히 짰지?"

시어머니는 분홍색 내복을 입고 무척 좋아하셨다. 나는 둘째 딸에게 들키지 않으려고 안간힘을 썼다. 비슷한 옷감으로 내복을 구하려 했는데, 요즘 내복은 너무 얇게 나온다.

어느 날, 둘째 딸에게 들키고 말았다. 다행히 남편이 혼내는 바람에 시어머니는 둘째 딸의 내복을 그대로 입는 특권을 누리셨다. 하나님은 모든 것을 공급하신다.

5년 전에 산 내복이 지금까지 헤어지지 않고 있는 것을 보면 광야에서 이스라엘 백성의 신발을 닳지 않게 하셨던 하나님의 은혜가 떠오른다. 이런 좋은 내복을 구할 수 없다면, 가지고 있는 내복이 헤어지지 않기를 하나님께 기도한다. 그리고 내복을 내어준 우리 둘째 딸에게도 하나님께서 많은 선물을 주셨으면 좋겠다. 더불어 둘째 딸에게 이야기하지 않고 내복을 시어머니에게 내준 나를 하나님께서 용서하시기를 기도한다.

11

새벽 2시의
악몽

    시어머니가 오신 지 얼마 안 되어 새벽에 잠을 자는데 내 옆에 누군가가 와서 나에게 이불을 덮어주었다. 나는 깜짝 놀라서 일어났고, 머리가 하얗고 길게 늘어뜨린 분이 내 옆에서 나를 쳐다보고 있었다. 깜짝 놀라 가슴이 철렁했지만, 금세 시어머니임을 알아챘다.

    "어머니, 저 잘게요. 어머니도 주무세요."

    "응, 잘자."

    그런데 몇 시간 뒤에 방문이 아닌 베란다를 통해서 내가 잠자는 방에 또 들어오셨다. 시어머니는 새벽에 잠을 잘 안 주무시고, 베란다를 통해서 방 사이를 돌아다니신다.

한 번은 새벽에 시어머니가 내 방에 들어오셨는데 입을 오물오물하고 계셨다.

"어머니, '아~' 해 보세요."

시어머니 입안에 나뭇조각들이 들어 있었다.

"어머니, 이건 먹는 게 아니에요. 뱉으세요."

시어머니는 새벽에 돌아다니시며 먹을 것을 찾고 계셨다. 먹는 것인지 아닌지 분간을 잘 못하신다. 나는 자기 전, 바나나 두 개를 식탁 위에 올려놓았다. 돌아다니시다가 다른 것 말고, 바나나를 드시도록 말이다. 아침에 일어나면 바나나는 없었다. 밤에 드셨던 모양이다.

12

새벽 만찬

　어느 하루는 새벽에 느낌이 이상해 나가보니 컴컴한 식탁
에 혼자 시어머니가 앉아 계셨다. 그런데 유리컵 안에 이상한
것들이 담겨 있었고, 시어머니는 그 컵에 물을 부으시며 숟가
락으로 저어서 홀짝홀짝 드시고 계셨다. 내 비타민, 알레르기
약들과 뻥튀기가 그 컵 안에 있었다. 그리고 비타민과 약의 껍
질들이 식탁에 놓여있었다. 시어머니는 주방을 뒤져서 나름
요리를 해 드시고 계셨다. 나는 바로 유리컵을 뺏어서 약을 쓰
레기통에 버렸다.

　"어머니, 이건 제 약이에요. 드시면 안 돼요."

　그 이후로 우리 집에 있는 모든 약을 보이는 곳에서 치워 놓
았다. 하루하루 시어머니의 기괴한 행동에 심장이 벌렁거린

다. '이 고비가 지나가면 좋아질까?'

나는 시어머니에게 위험 요소가 우리 집에 너무 많다는 것을 깨달았다. 어느 날은 칼을 들고 아일랜드 식탁의 전기 뚜껑을 뜯고 계셨다. 시어머니는 핸드폰인 줄 알았다고 하셨다. 나는 아일랜드 식탁 전기 뚜껑을 종이로 막아놓고, 그 위에 시어머니께서 좋아하시는 각티슈를 올려놓았다. 시어머니는 더 이상 전기 뚜껑에 관심을 보이지 않으셨다. 변기 옆에 호출기도 계속 누르셔서 관리사무소에서 몇 번 연락이 왔다. 화장실 변기 옆에 호출기도 종이와 테이프로 꼼꼼히 막아놓았다.

하루하루 문제를 해결하는 나 자신이 자랑스러웠다. 그럼에도 우리 집은 시어머니께 너무 위험한 요소가 많다.

내가 제일 걱정하는 것은 정수기와 전자레인지다. 시어머니가 정수기 버튼을 누르는 순간 아마도 우리 집은 물바다가 될 것이고, 전자레인지는 내가 계속 확인해야 할 것이다.

남편에게 진지하게 이야기했다.

"시설에 보내는 게 나을까?"

남편과 몇 군데 시설을 돌아보았다. 시설 환경이 너무 우울

했다. 시어머니는 시설에 들어가시면 아마 하루 종일 잠만 주무셔야 할 것 같았다. 그래서 남편에게 조심스럽게 제안했다. 우리 아파트 단지 다른 동에 월셋집을 구해서, 가스레인지도 없고, 냉장고도 없이 잠만 자는 곳으로 만들자고 했다. 낮에는 주간보호센터에 가시고, 밤에는 그 월셋집에서 잠만 주무시는 것이다.

그런데 같은 아파트 단지 다른 동에 월셋집이 예비되어 있었다. 할렐루야!

3부

사랑의 풍경:
웃음과 눈물이 교차하는 시간

13

어머니의
새 보금자리

우리가 계약한 그 월셋집은 법적인 문제가 좀 있어서 보증금이 엄청 낮고, 월세도 상대적으로 저렴했다.

일단 텔레비전과 식탁, 세탁기, 소파를 들여놓았다. 시어머니 이부자리와 남편이 잘 이부자리, 그리고 앞으로 구할 요양보호사의 이부자리를 챙겨 넣었다. 입주 청소를 하고 물건을 들여놓으니 그래도 사람 사는 공간 같았다. 이렇게 빨리 월셋집을 구한 것은 정말 하나님의 은혜다. 이제 밤에 주무실 좋은 요양보호사를 구하면 된다.

요양보호사도 하나님께서 예비하신 분이 계셨다. 신실한 기독교인이시고, 예전에 몸이 많이 아프셔서 대수술도 하신 분이었다. 시어머니와 밤에 잠만 주무시면 되니 이분도 일하는 것이 편하다고 좋아하셨다. 이전에는 하지 마비 환자를 돌봐야 해서 육체적으로 많이 힘드셨나 보다.

시어머니의 새 월셋집은 밤에 시어머니가 깨서 돌아다니셔도 위험한 물건이 없다. 그래서 안심이 된다. 나도 밤에는 시어머니와 조금 떨어져서 푹 잘 수 있어서, 시어머니와 오래 같이 살 수 있어서 감사하다. 보호사님이 밤에 주무시기 전에 기도도 해주시고, 영적으로도 시어머니에게 좋은 영향력을 끼칠 것 같다.

처음 보호사님을 만나 면접할 때는 몸이 너무 마르고 혈색이 안 좋아서 이분은 어렵지 않을까 생각했다. 그런데 하나님께서 내게 '외모로 사람을 판단하지 말라'는 마음을 주셨다. 때때로 성령님의 음성이 나에게 많은 도움이 된다. 내 판단 내생각을 내려놓고 오로지 내 안에 계신 성령님만의 음성에 순종하며 살고 싶다.

요양보호사님이 밤에 주무시는 시어머니의 머리에 손을 대고 안수기도를 하시던 중, 시어머니가 깨서 "뭐 하시는 거예요?"라고 하셔서 깜짝 놀라셨다고 한다. 내가 요청하지도 않은 기도도 해주시니, 시어머니가 날로 육체적으로, 정신적으로 건강해지시는 것 같다.

가끔 요양보호사를 나가라고 쫓아내시기는 하는데, 요양보호사가 불쌍한 표정으로 "하룻밤만 재워주세요"라고 하면 문을 열어주신다. 시어머니의 내면에 따뜻한 마음이 남아있어 정말 다행이다.

14

성령의 바람
(기도원 집회)

　오늘은 시어머니와 친정엄마, 그리고 딸과 기도원에 갔다.
부산의 어느 목사님이 성령 집회를 인도하시는 날이다. 그날
을 위해 며칠 동안 집에서 기도했다. 시어머니의 화장실 병과
치매, 그리고 구원을 위해서 말이다.

　가는 길은 대략 한 시간 반 정도 걸렸다. 도착하니 기도원은
산 중턱에 있었다. 산속이라 그런지 공기가 너무나도 상쾌했
다. 정말 성령님께서 함께하시는 것 같았다.
　친정엄마가 이렇게 두 다리로 걸어서 기도원에 오실 줄은
몰랐다. 모두가 하나님의 은혜.

죽음에서 영생으로, 창기에서 신부로 이끄시는 우리 성령 하나님, 우리 가족을 영생으로 이끄시는 우리 하나님, 모두 예수님 보혈의 능력이다.

찬양이 시작되자, 시어머니는 두 손을 들어 하나님께 찬양을 올려드렸다. 예상보다 화장실에 가시는 횟수가 줄어들었다. 이때만큼은 화장실 병마의 힘이 약해진 모양이었다.

우리 친정엄마는 한 사모님의 간절한 기도로 방언을 하셨다. 비록 방언의 아름다움의 성숙도 중요하지만, 지금은 "뚜뚜뚜뚜"하시는 정도로 엄마의 입에서 천사의 말 같은 하늘나라 언어가 나온다는 것이 그저 감사할 따름이다.

70대 두 노인이 밤 9시까지 꼬박 10시간을 앉아서 찬양하고 설교를 듣고, 그 시간을 견뎌냈다는 것은 정말 기적이 아닐 수 없다.

주변 상황은 요동치고, 한국 상황도 요동치고 거친 파도에 휩쓸려 풍랑 안으로 들어간다 해도 나의 마음은 너무나 평안하다. 우리 성령님께서 함께 계시기 때문이다.

마태복음 8장을 보면, 바다에 큰 놀이 일어나 배가 물결에 덮이게 되었을 때도 예수님은 쿨쿨 주무셨다. 예수님은 하나님께서 함께하고 계심을 알기 때문이었다. 물론 지금보다 상황이 더 나빠질 경우에도 내가 이렇게 평안할 수 있을까 하는 의심이 들기도 하지만, 그때도 또 성령님께서 힘을 주실 것이라 믿는다. 더 큰 풍랑이 오겠으나 나는 하늘을 바라본다. 예수님께서 곧 오신다는 희망이 있기에 나는 풍랑을 보지 않고 재림의 예수를 바라본다. 하나님! 예수님! 성령님! 사랑하고 감사합니다.

이후에 성령 집회를 다시 한다고 하셨다. 그전에 예수님께서 오셨으면 좋겠지만 그리 아니 하실지라도 나는 예수님을 향해 전진한다. 그 안에 예수님이 안 오신다면 다음 성령 집회를 희망 삼아 하루하루 감사하며 버텨내면 된다.

PS.

기도원 방에서 시어머니와 친정엄마는 점심 식사 후에 잠깐 침대에 누워서 쉬고 계셨다. 시어머니는 내게 화장실에 가고 싶다고 하셨다. 기도원 방에는 화장실이 없기에 방에서 나와야 한다. 30여 분 동안 시어머니는 화장실을 세 번 정도 가셨는데, 그때마다 화장실이 어디 있는지 헤매셨다.

친정엄마는 침대에 누워 계시다가 시어머니가 세 번째로 화장실이 어디냐고 물으셨을 때, 고개를 홱 돌리면서 시어머니를 안쓰러운 눈(저래서 어떻게 사나 하는 눈빛)으로 쳐다보셨다. 그 광경이 너무 웃겼다. 내가 의사로서 보기에 치매 시어머니나 인지장애 엄마나 비슷한 처지인데 말이다.

그 순간 내 마음에 이런 한 가지 생각이 스쳤다. '하나님도 우리를 보실 때 이와 비슷하지 않을까? 하나님 보좌에서 보시기에 우리는 정말 작고 연약한 존재인데, 서로 헐뜯고 무시하고 싸우고 비판하고 정죄하고… 하나님께서 하늘 보좌에서 얼마나 웃으실까?'
그리고 나 자신을 돌아보았다. 할 말이 없었다. 하나님은 나를 보시며 얼마나 많이 웃으셨을까?

15

예수님을 만난
어머니

성령 집회 후 약 한두 주 뒤에 나는 식탁에서 시어머니에게
물어보았다.

"어머니, 예수님 보신 적 있어요?"

"응."

"언제요?"

"언제인지는 모르는데, 그분이 내 옆에 서서 내 머리에 손
을 얹으셨어."

"머리는 어땠어요?"

"조금 길었지."

"옷은 하얀색이었어요, 검은색이었어요?"

"하얀 옷."

"길었어요? 짧았어요?"

"길었지."

치매 시어머니가 이런 이야기를 나에게 하시다니 나는 깜짝 놀랐다.

그리고 며칠 뒤에 나는 다시 똑같이 물어봤다. 그런데 전과 같이 대답하셨다. 치매가 조금 호전되었거나, 아니면 최근 기억이 아닌 예전의 기억일 수도 있겠다 싶었다.

어쨌든 주님께 감사드린다. 이 모든 것이 주님의 은혜다. 이제 시어머니께 휴거에 대해서도 이야기하기 시작했다. 예수님께서 부르시면 뒤돌아보지 않고 위로 올라가는 것이다.

나는 누구보다 빨리 예수님 품에 안기고 싶다. 그것은 절대 양보할 수 없다. 내 딸에게도 양보할 수 없다. 나는 가장 빨리 빛으로 변하고, 가장 빨리 올라가서 예수님 품에 안길 것이다. 물론 죽은 자들에게는 양보하지만, 이 세상 산 자들 중에서는 내가 제일 먼저 예수님 품에 안길 것이다.

16

"하나님이 너만 바라보시니?"

2025년 6월 9일.

나의 예지몽은 거의 빗나가고 있었다. 이번 오순절에 예수님이 오실 줄 알았는데, 시간이 거의 다 되어 가는데도 아직 별다른 조짐이 보이지 않고 있다.

"어머니, 예수님께서 안 오셔서 너무 속상해요."

"하나님이 너만 바라보시니? 그분이 어떤 분인데. 이 세상을 다 아우르시는 분인데."

그 순간 나는 머리가 하얘졌다. 치매가 심한 시어머니가 하나님에 대해 나보다 더 잘 알고 계셨다. 내가 성경도 더 많이 읽었고, 기도도 더 많이 했고, 나는 선교도 다녀왔고, 찬양도 나름 더 열심히 했는데, 결국 치매가 심하고 교회도 잘 안 다니신 시어머니보다도 나는 하나님을 잘 모르는 것은 아닐까 하는 생각이 들었다. 정말 내 안에 계신 성령님이 탄식하시는 것 같았다.

'내가 이렇게도 신앙이 얕고 어리석은 사람인가? 남편이 나 때문에 얼마나 힘들었을까? 참 인생이 어렵다.'

이제 나는 '하나님이 나에게 이런 말씀을 하셨다'라는 말을 앞으로는 감히 할 수 없을 것 같다. 나 자신이 너무나 부끄럽다. 일단, 나에게 주신 귀한 달란트인 의사 일에 좀 더 집중해야 할 것 같다. 의사 일을 통해 복음을 전하는 데에만 초점을 맞추고, 앞으로는 곁길로 새지 않도록 나 자신을 바로 세울 것이다.

"하나님, 잘못했어요. 용서해 주세요. 하루하루 성실히 살아갈게요. 보내주시는 환자에게 최선을 다하고 복음을 잘 전할 수 있는 것에만 집중할게요. 죄송해요. 아버지…."

그럼에도 하나님은 나를 사랑하신다는 것이 느껴진다. 이번에는 크게 실수했지만, 그것을 통해서도 하나님은 일하신다. 정말 좋으신 나의 아버지이시다. 할렐루야!

그래도 이번 6월에 오셨으면 좋겠다. 이번 더운 여름을 어떻게 보낼지….

나는 하나님이 이 세상에서 나만 제일 사랑하는 것 같다는 착각을 많이 한다. 그것이 문제다. 내가 어릴 때 애정결핍은 없었던 것 같은데…. 물론 친구가 별로 없어서 외로운 적이 많았다. 그래서 내가 하나님을 독차지하고 싶은 이기적인 욕심이 많았는지도 모른다. 하나님은 모두 다 사랑하시는 분인데 말이다.

17

아들을 내어주신
어머니

시어머니와 커플 카디건을 입고 백화점에서 장을 보았다. 매장에 있던 한 아주머니가 내게 다가와 친정엄마냐고 물었다. 내가 시어머니라고 답하자, 그 아주머니는 나를 존경의 눈빛으로 바라보았다.

"시어머니가 저에게 잘해주셨어요. 시어머니는 아들을 저에게 버렸어요."

내가 이야기하자, 아주머니는 잠깐 생각하더니 내 말뜻을 이해하시는 듯했다.

그렇다. 하나님께서 하나밖에 없는 아들을 우리를 위해 죽음(사탄)에 내어주셨다. 예수님께서 십자가에 돌아가시기 전,

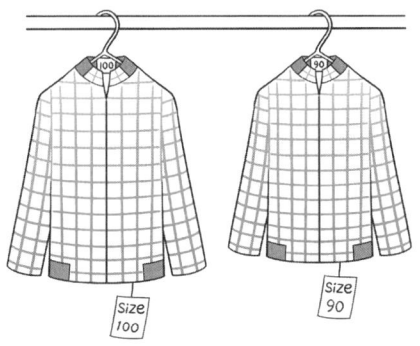

하나님께 "엘리 엘리 라마 사박다니"라고 말씀하셨다. '나의 하나님 나의 하나님, 어찌하여 나를 버리셨나이까'라는 뜻이다. 하나님은 예수님을 그 시간 철저히 외면하고 버리셨다.

우리 시어머니는 나에게 아들을 철저히 내주시며 버리셨다. '버리다'의 사전적 의미에는 '인연을 끊고 등지거나 돌보지 않다'라는 뜻도 담겨 있다. 인연을 끊는 것이다. 나의 시어머니는 아들을 며느리에게 보낼 때 아마도 하나님의 마음으로 보내신 것 같다. 난 세상에 참 운 좋은 며느리다. 이런 시어머니를 만났으니 말이다.

나도 내 딸을 사위에게 내 줄 날이 올 것이다. 그때는 과감히 내 딸을 사위에게 던져 줄 것이다. 그리고 그 귀한 사위를 얻을 것이다. 하나님께서 하나밖에 없는 아들을 버리고, 나를 얻었듯이 말이다. 그런데 하나님은 예수님을 부활시킴으로 예수님과 나를 얻으시고, 완벽한 승리를 이루신 분이다. 나도 내 딸을 사위에게 완전히 내어주어 내 딸과 사위를 얻을 것이다.

18

빨래 선교사 vs 살림꾼

친정엄마는 내가 통가에서 의료봉사할 때, 3년간 우리 집의 빨래를 도맡아 하셨다. 빨래를 들고 2층에서 1층으로 내려가 세탁기에 넣고 돌렸다. 한 시간 뒤, 다시 내려가 빨래를 1층에 널고는 2층으로 올라오셨다. 빨래가 다 마르면 계단을 내려가 빨래를 가지고 올라와 빨래를 차곡차곡 개어놓으셨다. 계단이 10개쯤 되니 하루에 60개의 계단을 오르내리신 것이다.

친정엄마도 선교사다. 빨래 선교사!

시어머니는 우리 집에서 한국의 살림꾼답게 빨래를 주름 하나 없이 널어주시고, 개켜주신다.

빨래와 설거지는 영적으로 회개와 비슷하다. 친정엄마와

시어머니는 이 땅에서 나를 돕는 성령님과 같은 존재다. 나는 친정엄마와 시어머니에게 보살핌을 드리고, 두 분은 나를 돕는 분이다. 나는 친정엄마의 버팀목이 되어주고, 친정엄마는 나의 동역자가 되고, 나는 시어머니에게 좋은 기억력이 되어주고, 시어머니는 나의 가사도우미가 되어 주셨다.

19

동궁과 월지,
치매는 축복

시어머니와 경주 동궁과 월지에 갔다. 겨울이라 물이 반쯤 얼어 있었다. 연인들도 많이 보였다.

시어머니는 연못에 비친 나무를 보며 소녀처럼 즐거워하셨다. 나무가 물 밑에 있는 것 같았다.

'우리의 내면도 저렇게 맑았으면…. 시어머니의 뇌도 저

렇게 맑게 회복되었으면….'

시어머니의 치매는 하나님의 은혜다. 시어머니의 치매가 없었다면 내가 시어머니께 효도할 기회도 없었을 것이고, 예수님을 전할 기회도 없었을지 모른다. 반평생 집에서 살림만 하신 시어머니. 나는 치매라는 강도를 만난 이웃, 우리 시어머니를 내 몸과 같이 사랑하고 싶다.

며칠 전, 시어머니가 쓰러지셨을 때 무심결에 "엄마"라고 불렀다. 나도 모르게 입에서 엄마라는 말이 나왔다.
"엄마, 괜찮아?"
시어머니는 이제 나에게 시어머니가 아닌 또 한 명의 엄마가 되고 있다. 치매는 축복이다.

얼마 전, 시어머니는 나에게 "네가 내 딸 같다"라고 말하셨다. 예수님의 말씀 중 요한복음에 "아버지와 내가 하나인 것 같이, 그들도 하나가 되게 하옵소서"라는 말씀이 떠오른다. 나와 엄마 그리고 시어머니가 하나가 되는 것이다. 바로 예수 그리스도라는 사랑의 이름 아래서!

20

커피와 사랑

    시어머니와 단둘이 영일대 해수욕장에 갔다. 바닷바람을 맞으면서 여느 연인처럼 모래사장을 걸었다. 자전거도 함께 탔다. 카페에 가서 시어머니가 좋아하는 커피도 마셨다. 시어머니는 소녀처럼 좋아하셨다.

    사랑이란 같이 밥을 먹고, 이야기하고 시간을 보내는 것이다. 그 사람이 가장 좋아하는 것을 같이 해주는 것이다. 나는 커피를 별로 좋아하지 않고 커피숍보다는 집을 좋아하지만, 시어머니를 위해서 내가 별로 좋아하지 않는 것을 같이 해주는 것이다.

하나님의 웃음이 느껴진다. 내가 시어머니에게 해주는 것을 하나님이 같이 받으시는 것 같다. 하나님의 눈은 지금 시어머니에게 향해 있다. 가장 연약한 자에게 하나님의 눈은 더 집중한다. 이스라엘을 눈동자처럼 지키시는 하나님께서 지금 이 시간 시어머니를 향해 계신다. 나는 하나님의 눈을 따라 순종해야 한다.

4부

시간의 공유:
고된 일상에서 작은 행복을 누리다

21

어머니의
보물

시어머니는 휴지를 무척 좋아하신다. 식사하실 때도 최소 다섯 장은 꼭 필요하다. 시어머니는 레스토랑에 가서도 휴지를 주머니에 몇 장씩 가지고 오신다. 그리고 집에 와서 텔레비전 책상 위에 산처럼 쌓아놓으신다.

나는 야간 요양보호사에게 이 휴지는 어머니 보물 1호이므로 치우지 말도록 당부했다. 휴지가 집에 떨어지면 안 된다. 마트에 가면 휴지를 산다. 치매 어르신마다 특별히 소중히 여기는 보물은 다르다.

시어머니가 다니시는 주간보호센터에 한 어르신은 주간보호 차를 탈 때에도 방석을 안고 계시고, 센터에서도 방석을 꼭 갖고 다니신다고 한다. 내가 한 번 그 어르신께 "어르신, 그 방석 안에 보물이 많은가 봐요"라고 이야기한 적이 있다. 그 어르신은 말없이 웃으시며, 그 방석을 더 꼭 껴안았다. 꼭 어린아이들이 인형을 안고 자는 것처럼 말이다.

내가 가장 아끼는 보물은 무엇인가? 현대인들은 아마 핸드폰일 것이다. 시어머니가 오신 이후로 내가 핸드폰을 보는 시간은 부쩍 줄었다. 비록 내가 안과의사지만 내 눈이 전보다 한결 편해지고 좋아진 느낌이다. 나를 희생할 때 하나님은 더 좋은 것을 주시는 것 같다. 앞으로 "나의 보물 1호는 하나님의 뜻이다"라고 감히 말할 날이 왔으면 좋겠다.

22

어머니의
작품

큰딸의 내복 바지가 해어졌다. 큰딸은 천의 감촉을 중요시하기에 옷을 고르기 힘들고, 옷이 해어져도 같은 재질의 옷감을 구하기 힘들어 낡아서 못 입고 버릴 때까지 입는다.

시어머니에게 큰딸 내복의 해어진 부분을 꿰매 달라는 부탁을 드렸다. 해어진 부분에 다른 천을 덧대서 내가 바늘에 실을 꽂아 꿰매는 법을 보여드렸더니 너무나 잘 꿰매주셨다.

날씨가 좋지 않아 집에 있는 날, 어머니께 일부러 찢어진 옷과 실을 꿴 바늘을 드렸다. 난 옆 소파에 벌러덩 드러누워 눈을 감고 찬양을 불렀다. 오랜만의 편안한 쉼이었다.

시어머님은 내가 찬양하는 소리를 정말 좋아하셨다.

"넌 목소리가 참 좋아."

그러고 손뼉도 치시곤 했다. 시어머니가 불안해하실 때 찬양을 불러드리면 얼굴빛이 달라졌다.

나보다 훨씬 찬양을 잘 부르는 CCM을 핸드폰으로 틀어드렸다. 그런데 내가 직접 찬양을 부를 때보다 별로 좋아하지 않으시고, 시끄럽다며 꺼달라고 하셨다. 시어머니는 라이브 체질이신가 보다.

시어머니를 위해 자수, 뜨개질 방을 찾아봐야겠다. 시어머니가 자수를 하시는 동안 나는 쉴 수 있다. 하나님은 쉼을 주신다. 바쁜 와중에도 쉼을 주신다. 쉼이란 바쁜 와중에 하나님의 평안을 주는 시간이고, 게으름은 죄라는 생각에 나는 충분히 부지런한가 하는 의문이 든다.

예수님께서는 비둘기처럼 순전하고 뱀처럼 지혜로우라고 하셨다. 내가 지쳐 어머니께 짜증 내고 성내는 것보다 때로는 나도 쉬면서 힘을 재충전할 하나님의 평안을 누리는 것이 지혜일 수 있다.

23

소녀의
첫사랑

우리 집에는 텔레비전이 없다. 아이들을 위해서 10년쯤 전에 남편이 없애버렸다. 요즘은 핸드폰이 있어서 텔레비전 없는 것이 별 의미가 없다.

나는 시어머니 월셋집에서 시어머니와 오랜만에 텔레비전을 보았다. 대학생들의 사랑을 다룬 드라마가 방영되고 있었다. 드라마를 보면서 오랜만에 내 대학 시절의 첫사랑을 떠올렸다. 시어머니는 드라마 내용을 꽤 잘 이해하셨다. 배우들의 얼굴을 평가하기도 하셨다.

시어머니는 나와 텔레비전 보는 것을 너무 좋아하셨다. 시어머니도 그동안 많이 외로우셨나 보다.

"어머니, 옛날에 인기 많으셨죠? 날씬하고 이쁘셔서."

"고등학교 애들이 집까지 쫓아왔어. 오빠가 내쫓았지."

남편을 만난 것은 참 행운이다. 나를 끝까지 쫓아온 유일한 사람이 남편이다.

같이 텔레비전을 보고, 같이 밥을 먹고, 같이 시간을 보내는 그것만으로도 서로 많이 사랑하는 것이다.

예전에 1인분에 십만 원이 넘는 고급 레스토랑에 간 적이 있다. 음식이 그다지 맛있지 않았고, 먹고 나서 배도 아팠다. 그 자리에 같이 식사한 사람들이 편치 않았기 때문이다. 가장 흔한 된장찌개를 먹더라도 편한 사람과 먹고 싶다. 그런데 시어머니와 텔레비전을 보고 식사하는 것이, 이전에는 그렇지 않았는데 지금은 너무 편하다. 시어머니에게 치매가 오고 나서부터 시어머니와 밥을 먹고 텔레비전을 보는데, 마음이 너무 편하다.

이상하다. 정말 이상하다. 치매란 참 이상하고 놀라운 병이다. 우리 시어머니는 아주 순진한 시골 소녀로 변해있었다.

24

"내 새끼의 부인도 내 새끼지"

시어머니께 진지하게 물어본 적이 있다.

"어머니는 왜 나를 귀찮게 안 했어요? 어떤 시어머니들은 며느리에게 장 담그러 와라, 명절 때 와서 일해라 많이 그러시는데요."

시어머니는 이렇게 말씀하셨다.

"내 새끼의 부인도 내 새끼지. 내가 며느리를 힘들게 안 해야 내 며느리가 아들을 안 들볶지."

'와! 우리 어머니, 치매 맞아?'

나는 우리 시어머니가 치매가 심한 분인 걸 의심할 때가 종종 있다.

우리 시어머니는 여러 가지를 한 번에 볼 수 있는 능력이 있으시다. 또한 엄청 미인이셨다. 그런 시어머니를 하나님께서는 집에 꽁꽁 묶어 살림만 하게 하셨다. 아마 시어머니가 요즘 젊으셨다면 한자리하고도 남으셨을 것이다.

하나님은 완벽하시고, 강한 자는 누르고, 약한 자를 들어 쓰신다.

25

어머니와의
산책

　시어머니는 드라이브를 좋아하신다. 내가 운전하면 "넌 참 운전을 부드럽게 한다"라고 칭찬하신다. 사실은 운전을 잘하지 못해 천천히 가는 것이다. 주변에서는 내가 운전하는 것을 보면 무척 답답해한다. 내 운전이 누군가에게는 답답하지 않고 편안한 운전인 것이다.

　우리 아파트 앞에는 강이, 강 옆에는 산책할 수 있는 길이 있다. 그리고 아름다운 장미꽃 정원도 있다. 시어머니와 산책하며 아름다운 장미를 보고, 그네를 같이 탄다.

　시어머니의 웃음이 소녀 같다. 시어머니는 치매가 시작되기 전에는 거의 집에만 계셨다. 지금도 집에 오시면 불을 다

끄고, 어둡게 지내신다. 그런데 치매가 온 이후로는 내 손에 이끌려 밖에 나가시면 너무 좋아하신다.

예수님도 어둠에 있는 우리를, 십자가를 통해 우리의 손을 잡고 빛으로 인도하셨다. 누구나 내면에 어두움이 있다. 나도 내면에 지독한 외로움이 있다.

성경에 "하나님이 고독한 자들은 가족과 함께 살게 하시며"(시편 68:6)라는 구절이 있다. 내 깊은 내면의 어두움을 사용해 하나님은 어려운 환경에 있는 분들을 이해하는 마음을 내게 은사로 주셨다. 그래서 이렇게 의사가 되었는지도 모른다.

내 남편도 마음에 슬픈 그림자가 있는 사람이다. 그래서 하나님께서 남편을 만나게 하시고, 또 시어머니를 만나게 하셨나 보다. 하나님의 중매는 완벽하다.

26

나와 남편의
미래

두 딸에게 물어본 적이 있다.

"엄마 아빠가 나중에 아프면 어떻게 할 거야?"

두 딸은 조금도 망설임 없이 좋은 요양병원에 모시겠다고 말했다. 아이들의 세대는 우리와 다르다. 그것을 인정해야 한다. 우리 부부는 헬스장에 등록하고 그 비싼 PT를 시작했다.

아이들이 커서 나와 같은 상황에 처했을 때, 정말 나를 요양병원에 보낼 수도 있을 것이다. 건강을 위해 꾸준히 운동하고 그래도 아프면 요양병원에 가서 예수님을 전할 것이다. 딸들이 나를 요양병원에 보내더라도 슬프지 않을 것이다. 내 곁에는 항상 예수님이 계시기 때문이다.

27

오늘 저녁 메뉴는?
또는 저녁상을 차리지 않는 특권

　내 병원 일이 5시에 끝나고, 시어머니 주간보호센터 차가 오후 5시에 내 일터 앞에 도착한다. 그러면 나는 마중 나가 시어머니를 모시고 외식한다. 시어머니는 치아가 좋지 않아 부드럽고 달달한 음식을 좋아하신다. 평생 집밥만 드셨기에 한식보다 특별한 음식을 좋아하신다.

　보통 오후 5시에는 음식점에 손님이 별로 없어서 너무 편하다. 시어머니가 옆 테이블의 사람들 외모를 큰 소리로 평가해서 난감할 일도 별로 없다. 한 번은 옆 테이블에 두 남녀를 보고 나에게 "아빠야, 오빠야?"라고 이야기하셔서 나는 손을 입에 모으고 '어머니, 쉿'하는 제스처를 한 적이 있다.

시어머니는 치매 이후 솔직해지셨다. 겉과 속이 똑같으시다. 나는 겉으로 거룩한 척, 착한 척을 많이 한다. 하나님은 내속을 다 알고 계신다. 나는 바리새인 같다.

시어머니와 매일 저녁 단둘이 맛집을 찾아다닌다. 난 참 행복한 사람이다. 시어머니가 우리 집에 오신 뒤로 나는 저녁상을 차리지 않는 특권을 누리고 있다. 대신 남편이 아이들의 저녁 식사를 챙긴다. 하나님은 나에게 음식을 잘하는 재능은 주시지 않았다. 대신 웬만한 음식은 맛있게 먹는 재능을 주셨다. 우리 집 주변과 일터 주변에 있는 맛집은 거의 다 다녀본 것같다.

오늘 저녁에는 시어머니와 무엇을 먹을까 하는 행복한 고민에 빠진다.

28

내가 아무것도 안 하면
아무 일도 일어나지 않는다

　때로는 지치고 힘들 때가 있다. 정말 아무것도 하기 싫을 때가 있다. 그럴 때는 누워서 기도한다. 기도하고 나면 힘이 조금은 생긴다. 내가 힘을 내서 무엇인가 하면 시어머니는 행복해하신다. 나의 작은 희생이 시어머니에게는 웃음이 되고, 기쁨이 된다.

　세상에는 공짜가 없다. 내가 누리는 작은 것들도 누군가의 수고와 희생으로 된 것이다. 내가 만 원을 내고 맛있는 음식을 먹기까지 여러 사람의 수고로 이렇게 귀한 음식을 먹는 것이다. 내가 아무것도 하지 않고, 기도도 안 하면 하나님은 아무 일도 안 하시는 것 같다. 내가 무엇인가를 하려고 할 때, 하나님은 계획하신 바를 나와 주변 사람을 통해 이루신다.

'하나님께서 다 하셨으면, 전지전능하신 하나님께서 다 하시면 더 완벽할 텐데, 왜 나를 이렇게 힘들게 하실까?' 하는 생각이 들 때가 있다. 아이들이 실수할 때, 나는 그대로 내버려 둔다. 실패를 겪어봐야 교만해지지 않는다. 실패를 해봐야 다른 사람의 소중함을 느낀다.

예전에 조카가 이런 말을 한 적이 있다.
"이모, 나는 공부를 잘하고 싶은데 안되네."
나는 이렇게 말해 주었다.
"세상에서 가장 필요 없는 사람이 누군지 아니?"
조카는 내게 이렇게 답했다.
"공부 못하는 사람."
여기에 나는 이렇게 말해 주었다.
"무엇이든지 잘하는 사람."
그러자 조카는 고개를 갸우뚱했다.
"왜, 이모?"
나는 이렇게 대답했다.
"무엇이든지 잘하는 사람은 혼자 무인도에 살면 되지. 이모는 음식을 잘 못해서 음식을 잘하는 사람을 가장 존경해."

우리 사회는 무엇이든지 잘하는 사람을 존경한다. 그러나 나는 반대다. 하나님은 한 사람에게 모든 재능을 주지 않으신다. 그래서 우리에게 이웃이 필요하다.

그리고 정말 직업에는 귀천이 없다. 나이가 들수록 더 실감한다. 어렸을 때는 욕심이 엄청 많았고 무엇이든지 잘하고 싶었다. 그런데 예수님을 만나고 나서는 욕심도 줄어들고, 질투도 많이 사라졌으며, 세상 것에 대한 집착도 적어졌다. 그러자 사람과의 관계도 조금씩 좋아졌다. '내가 조금 손해를 보더라도 하나님께서 천국에서 다 갚아 주실 거야'라고 생각한다. 덕분에 지금의 시어머니도 품을 수 있는 마음의 여유가 생겼다.

통가왕국에 자비량 의료선교를 가기로 결정하기까지, 10년 넘게 있던 교수 자리를 내려놓기가 너무 아쉬워 차 안에서 펑펑 울었던 적이 있다.
"하나님, 너무 억울해요. 제가 얼마나 열심히 일했는지 잘 아시잖아요."
그러자 하나님께서 내게 이런 마음을 주셨다.

'아가, 내가 다 갚아줄게.'

그때는 하나님께 순종만 하면 내 자식이 세상에서 잘될 것으로 생각했다. 그런데 통가왕국에서 나는 하나님 음성의 깊은 의미를 깨달았다. 하나님의 선물은 바로 나와 내 집의 구원이었다.

5부

분리와 재설계:
또 다른 동거의 방식

29

그네와
노란 차

시어머니는 노란 버스를 타고 주간보호센터에 가신다.

"이제 집에 가는 거지? 날 이상한 데 데려가면 안 돼."

"어머니, 커피 한잔하고 오시면 돼요."

시어머니의 기억력이 조금씩 회복되면서 주간보호센터에
간 것을 기억하신다. 할머니들이 쭉 앉아 있는 데 가기 싫다고
하신다. 그러나 다녀오고 나면 얼굴이 환해지신다. 아이들이
엄마와 헤어지기 싫어서 유치원에 가기 싫다고 울다가도 막상
가면 친구들과 재미있게 노는 것과 비슷하다.

나는 노란 버스를 기다리면서 아파트 놀이터에서 시어머니

와 함께 그네를 탄다. 어렸을 때 그네를 탔던 추억을 떠올리면서 말이다. 시어머니는 같이 그네를 타며 좋아하신다. 그러다가 노란 차가 오면 싫은 표정을 하고 버스에 오르신다.

언젠가 천국에서 마차가 올 것이다. 나와 내 가족, 주변 사람들 모두 천국 마차에 오르기를 소망한다. 노란 차는 놓쳐도 주간보호센터에 갈 수 있지만, 예수님의 손을 놓으면 천국에 갈 수 없다.

30

시어머니와의
별거

    시어머니는 최근 6개월 동안, 중환자실에 네 번 입원하셨다. 물을 너무 많이 드셔서 생긴 저나트륨혈증이라는 병 때문이다.

    생수에 비싼 소금을 넣어서 시어머니께 드렸다. 생수병을 제한했더니 주방 수돗물을 벌컥벌컥 드셨다. 이렇게 물을 너무 많이 드셔서 방광이 늘어나 제 기능을 잘하지 못했다.

    중환자실에 입원하면서 소변 줄을 뽑으시고, 링거 줄을 뽑으셔서 간호사가 힘들어했다. 어쩔 수 없이 팔다리를 침대에 묶었다. 중환자실에서 열흘 정도 입원하고 퇴원하면서 바로 요양병원으로 옮겼다.

그날 나는 온몸에 힘이 빠졌다. 남편도 울고 나도 울었다. 시어머니는 집에 가고 싶다고 하셨다. 남편은 며칠만 치료하고 가자고 어머니를 설득하고 위로했다. 엘리베이터 문이 닫히면서 시어머니의 얼굴이 시야에서 사라졌다.

집에 오는 차 안에서 나는 내내 엉엉 울었다. 남편은 나에게 그동안 고생 많았다며 고맙다고 했다. 그러나 이틀 후에 남편은 직장을 그만둘 생각이라며 시어머니를 집으로 다시 모셔 오고 싶어 했다.

앞으로 하나님께서 어떻게 인도하실지 정말 기대된다.

치매 환자 '나만의 돌봄 팁'

1. 병원 진료 및 투약

시어머니는 불안과 불면증이 동반되어 신경과 진료로 치매 약과 안정제 성분의 약을 투여받았다. 그래서 이전보다 밤에 잘 주무셨다.

안정제 용량을 많이 투여할 경우, 낮 활동에 영향을 주기에 처음 약을 투여할 때 2주 정도는 보호자가 잘 관찰해야 한다. 낮에 많이 졸려 하는지 활동성이 떨어지는지 체크하여 다음번 신경과 진료 시에 용량을 조절하여 맞추는 것이 중요하다. 또한 새로운 약을 추가할 때도 어르신의 행동에 변화가 없는지 초기 2주는 보호자가 잘 관찰해야 한다.

2. 약 복용

시어머니에게 약을 드렸을 때, 약을 삼키지 않고 입안에 물고 있다가 몰래 쓰레기통에 버리신 적이 있다. 약과 물을 완전히 넘기시는지 확인하고, 다 드신 후에 "'아~' 하세요" 하고 남은 약이 없는지 입안을 꼭 확인한다.

치매 어르신이 머리가 나쁠 것이라는 생각은 오판이다. 비록 단기 기억력의 문제, 방향감각의 장애는 심하지만, 사고력과 문제해결력이 상대적으로 좋을 수 있다. 시어머니는 당신이 멀쩡하기에 약 먹을 필요가 없다고 매번 거부하신다. 그러나 약 복용을 거부할 때, 때로는 단호한 어조로 드시게 해야 한다.

3. 치매 등급

건강보험공단에 장기 요양을 신청하고 심사를 받아 등급이 나오면 주간보호센터에 갈지, 집에서 방문 요양을 할지 결정한다. 주간보호센터의 장점은 오랜 시간 돌봄을 맡길 수 있고, 여러 프로그램이 있다는 것이다. 반면, 방문 요양은 돌봄 시간이 짧지만 일대일 케어(돌봄)가 가능하다.

개인적으로 시어머니의 상태가 좋을 때는 주간보호센터에 보내드렸고, 치매 증상이 악화하고 나서는 방문 요양을 신청

했다.

시어머니는 몸은 건강하신 데 반해 치매가 심하셔서 요양병원에서도 많이 돌아다녀 병원 관계자들이 많이 힘들어했다. 가능하다면 개인적으로 몸이 쇠약해졌을 때 요양병원을 이용하는 것을 권장한다.

4. 경찰서 지문 등록 및 사진 촬영

시어머니가 길을 잃어버릴 때를 대비해서 경찰서에 지문 등록을 해 놓는다.

연락처가 적힌 팔찌나 목걸이를 해 드리는 것도 한 방법이지만, 우리 시어머니는 그것들을 떼어 버리시기 때문에 속옷에 본인 이름을 적어놓았다.

5. 드라이브 시 주의점

치매 어르신은 더위와 추위에 무감각해진다. 시어머니는 마른 체형으로 차량 온열 시트를 너무 높게 맞추어 놓으면 피부가 상할 수 있다. 그리고 여름에 너무 냉방을 세게 하면 오히려 추워서 감기에 걸리기 쉽다.

주행 중 차문을 갑자기 열 수 있기에 차량에 탑승한 다음에는 시어머니가 앉은 좌석 쪽은 차문 사이드에 있는 잠근 장치

를 해서 안에서는 열 수 없도록 한다. 또한 주행 중에 창문을
열 수 있으므로 창문 잠근 장치를 한다.

6. 세제 및 약물 오인 섭취 예방

주방·욕실 세제는 모두 밀폐 용기에 담아 높은 곳에 보관한
다. 특히 치매 어르신이 계신 집에는 절대 락스를 바닥이나 손
이 닿기 쉬운 곳에 두면 안 된다.

7. 강박적이고 반복적인 행동 대처법

시어머니는 치매 증상이 심해지면서 물을 계속 드셨고, 화
장실을 자주 가셨다. 결국 물을 너무 많이 드셔서 혈중 나트륨
수치가 떨어졌고, 뇌부종으로 인해 생명의 위험을 여러 번 겪
으셨다. 생수를 제한하면 주방의 수돗물을 드셔서 결국 주방
의 수도 밸브와 화장실 세면대의 밸브를 잠그고 필요할 때만
밸브를 열어 물을 사용하도록 관리했다.

물의 전체 양을 줄여야 하므로 세 번의 식사 때 물 한 컵만,
그 외에 추가로 물을 달라고 하셨을 때 컵에 조금씩 드렸다.
여름철 더운 날에는 탈수 예방을 위해 물을 조금 더 드렸다.
시어머니는 산책하거나 드라이브할 때는 화장실에 자주 가지
않으셨다.

치매 어르신이 좋아하는 것을 알아내 자주 시간을 내어 그 일을 함께하는 것도 강박행동을 줄이는 방법이다. 또한 뜨개질, 그림그리기, 댄스, 노래 등 치매 어르신이 좋아하는 것을 찾아내 일상에서 만족감을 느끼게 하는 것도 중요하다고 생각한다.

8. 일상 물건에 집착하는 경우

시어머니는 아일랜드 식탁 위에 있는 콘센트를 핸드폰으로 오인하여 칼로 그 부분을 도려내려고 하셨다. 그래서 콘센트 부분을 종이와 테이프로 막고, 그 위에 어머니가 좋아하시는 각티슈를 올려놓았다. 더 이상 어머니는 콘센트에 집착하지 않으셨다. 화장실, 경비실 호출 오작동(잘못 눌러서 관리사무소에 연결되는 경우)을 줄이려면 커버형 버튼을 사용하는 것이 좋다.

9. 좋아하는 물건들

시어머니는 휴지를 너무도 좋아하셔서 주무시는 주변에 쌓아 놓으셨다. 휴지는 위험한 물건이 아니기에 시어머니의 마음이 편하도록 그대로 두었다.

시어머니는 자신의 옷과 양말을 집 구석구석에 숨기셨다.

옷은 자주 빨아 입어야 해서 시어머니에게 안 보이도록 장롱에 잘 정돈하여 보관하여 갈아입으실 때만 보이도록 했다.

10. 안전장치

새벽에 주무시다가도 일어나서 현관문을 열고 밖으로 나가려고 하는 경우가 있어 주의해야 한다. 문에 자물쇠 장치를 설치해서 예방하거나, 안에서 밖으로 나갈 때에는 카드키를 접촉해야 문이 열리는 방식의 도어록(door lock)으로 교체하면 야간에 나가시는 경우를 막을 수 있다. 카드키는 보호자가 따로 잘 보관하여 사용해야 한다.

문에 접착제로 고정하는 장치는, 치매 어르신이 기운이 있을 때는 부러뜨리는 경우가 종종 발생한다. 그래서 못 같은 것으로 튼튼하게 고정하는 장치가 더 안전하다.

11. 에어컨, 선풍기

시어머니는 한여름 더울 때도 에어컨, 선풍기 켜는 것을 싫어하셨다. 방 온도가 30도가 넘어서 땀을 흘릴 정도라도 에어컨 바람이 나오면 무조건 전원을 뽑아 버리셨다. 겨울철 난방은 바닥 보일러라서 신경을 안 쓰셨는데, 여름에 에어컨, 선풍기는 바람 때문인지 계속 끄려고 하셨다.

천장형 에어컨으로 취침 모드를 설정하여 최대한 바람이 나오는 것을 알아채지 못하게 하는 방법이 좋다. 그러나 천장형은 공사를 해야 하는 번거로움이 있다. 그래서 에어컨 날개를 최대한 위로 향하게 하여 바람을 느끼지 못하도록 하였다.

전원을 빼버리는 경우가 많기에 에어컨 전원은 노출하지 않는 형식이 좋다.

시어머니는 마른 체형으로 피하지방이 적으므로 냉방 온도를 28도로 설정했다.

12. 교대로 돌봄

가족이 많거나 형제가 가까이 살면 교대로 치매 어르신을 돌보는 것이 가장 좋으나 현실적으로는 한 자녀가 모시는 경우가 많다.

주간보호센터를 가거나 방문 요양을 하더라도 주말에는 어르신을 모시고 있는 자녀가 많은 시간 동안 돌봐야 한다. 형제들이 순번을 나누어 치매 어르신을 돌보는 것을 추천한다.

13. 요양병원, 요양원

결국 치매가 더 심해지면 집에서 모시기 어려워지고, 자녀들이 재정적으로, 육체적으로 무척 힘들어지면 시설로 옮겨야

할 때가 온다. 여러 요양병원과 요양원을 다녀보고 결정해야 겠지만, 가능한 자녀의 집 근처에 있는 시설을 선택하는 것이 좋다. 그래야 주말에라도 부모님을 뵐 수 있다.

자녀가 치매 부모님을 시설에 보내기 전에 짧은 기간이라 도 직접 돌봐야 하는 이유가 있다. 그것이 부모님에 대한 마지 막 효도이고, 시설로 보냈을 때 의료인들이 얼마나 힘들지를 다소 체험해 보면, 혹시 그곳에서 조금 부당하다고 생각되는 일이 생기더라도 담당 의료인들과 얼굴 붉히지 않고 서로 이 해하고 문제를 해결하려는 마음이 생기기 때문이다.

서평

    이 책을 읽는 동안 나는 여러 번 식탁 앞에 앉아 있었다. "이제 너도 시집가야겠다"는 말에 미소 지으며 대답하는 며느리의 모습, 노란 버스를 기다리며 그네를 타던 장면, 새벽마다 약을 치우고 호출기를 가리던 긴장된 순간까지도 독자는 저자와 함께 울고 웃고 기도하며 몸을 움직이게 된다.

    저자는 시어머니의 치매로 인해 현실이 흔들릴 때마다 바꾸려하기보다는 동행을 택했다. "19층 눌러!"라는 말에도, "네가 내 며느리야?"라는 질문에도, 웃음과 따뜻함으로 반응했다. 치매 환자 돌봄은 늘 위험과 안전 사이에서 긴장감을 동반한다. 좌석 온열기, 세제 오인 섭취, 호출기 오작동 같은 사건들은 돌봄의 최전선을 보여주지만, 저자는 언제나 기도와

유머로 마무리한다. 이 책을 읽는 독자들에게 울음과 웃음을 동시에 선물할 것이다.

저자는 영일대에서 커피를 놓고 사랑을 이렇게 정의했다. "사랑은 내가 좋아하지 않는 것을, 당신을 위해 기꺼이 같이하는 것"이라고. 또한 한국 현실 속에서 실현 가능한 분리 거주라는 대안을 제시하며, 치매 돌봄의 미래를 매우 구체적으로 보여준다.

물론 '치매는 축복'이라는 말에는 오해의 여지가 있다. 하지만 저자의 뜻을 이해하면, 그것이 단순한 미화가 아니라 효도와 화해 그리고 구원의 기회라는 고백임을 알게 된다. 결국 이 책은 사건을 견디는 기술을 넘어 사랑의 기술로 승화시키는 과정을 보여준다.

마지막 장을 덮고도 오래 남는 장면은 엘리베이터 문이 닫히며 사라지는 시어머니의 얼굴이다. 차 안에서 부부가 함께 울던 그 어둠 속에서도, 나 역시 그들과 함께 울었다. 어쩌면 내일 또 변기가 막히고, 좌석은 뜨겁고, 커피는 쓰겠지만, 그래도 언젠가 함께 천국 그네를 탈 수 있다는 사실은 우리를 오늘도 버티게 한다.

『의사 며느리와 치매 시어머니의 동거기』는 치매라는 돌봄
을 고난으로만 보지 않고, 사랑을 배우는 가장 정직한 교실로
바꿔낸 귀한 책이다.

CCM 작사작곡자 시와그림 **조영준**
'항해자', '임재', '여호와의 유월절', '이제 역전되리라',
'그럼에도 불구하고', '토기장이'